Die großartigen Liebenden

(Les Amants Vergrößerungen)

Molière

(Übersetzer: Charles Heron Wall)

Writat

Diese Ausgabe erschien im Jahr 2023

ISBN: 9789358811476

Herausgegeben von
Writat
E-Mail: info@writat.com

Inhalt

VORWORT DES AUTORS. ....- 1 -

   VERTRETENE PERSONEN. ....- 1 -

ERSTE ZWISCHENSPIEL. ....- 2 -

AKT I. ....- 5 -

   SZENE I. – SOSTRATUS, CLITIDAS. ....- 5 -

   SZENE II. – ARISTIONE, IPHIKRATES, TIMOKLES, SOSTRATUS ANAXARCHUS, CLEON, CLITIDAS. ....- 8 -

   SZENE III. – IPHIKRATES, TIMOKLES, SOSTRATUS, KLITIDAS. ....- 12 -

   SZENE IV. – IPHIKRATES, TIMOKLES, KLITIDAS. ....- 13 -

   SZENE V. – TIMOKLES, KLITIDAS. ....- 13 -

   SZENE VI. – ERIPHYLE, CLEONICE. ....- 14 -

   ZWEITES ZWISCHENSPIEL. ....- 14 -

AKT II. ....- 16 -

   SZENE I. – ERIPHYLE, CLEONICE. ....- 16 -

   SZENE II. – ERIPHYLE, CLEONICE, CLITIDAS. ....- 16 -

   SZENE III. – ERIPHYLE, CLITIDAS. ....- 16 -

   SZENE IV. – ERIPHYLE, SOSTRATUS. ....- 19 -

   SZENE V. – ERIPHYLE, SOSTRATUS, CHORŒBUS. ....- 20 -

   SZENE VI. – ARISTIONE, ERIPHYLE, IPHIKRATES, TIMOKLES, SOSTRATUS, ANAXARCHOS, CLITIDAS. ..- 21 -

   DRITTES ZWISCHENSPIEL. ....- 21 -

Akt III. ....- 24 -

   ARISTIONE, IPHIKRATES, TIMOKLES, ERIPHYLE, ANAXARCHUS, SOSTRATUS, CLITIDAS. ....- 24 -

   VIERTES ZWISCHENSPIEL. ....- 29 -

Akt IV. ....- 30 -

   SZENE I. – ARISTIONE, ERIPHYLE. ....- 30 -

SZENE II. – VENUS (*in der Luft, begleitet von vier* Amoretten), ARISTIONE, ERIPHYLE. ....- 31 -

SZENE III. – ARISTIONE, ERIPHYLE. ....- 31 -

SZENE IV. – ANAXARCHUS, CLEON. ....- 31 -

SZENE V. – ERIPHYLE (*allein*). ....- 32 -

SZENE VI. – ERIPHYLE, CLEONICE. ....- 32 -

SZENE VII. – ERIPHYLE, SOSTRATUS. ....- 32 -

SZENE VIII. – ERIPHYLE, CLEONICE. ....- 34 -

FÜNFTES ZWISCHENSPIEL. ....- 34 -

Akt V. ....- 35 -

SZENE I. – ERIPHYLE, CLITIDAS. ....- 35 -

SZENE II. – ARISTIONE, SOSTRATUS, ERIPHYLE, CLITIDAS. ....- 37 -

SZENE III. – ARISTIONE, ERIPHYLE, SOSTRATUS, CLEONICE, CLITIDAS. ....- 37 -

SZENE IV. – ARISTIONE, ERIPHYLE, IPHIKRATES, TIMOKLES, SOSTRATUS, KLEONIKE, KLITIDAS. ....- 37 -

SECHSTES ZWISCHENSPIEL. ....- 38 -

VORWORT DES AUTORS.

Der König, der in allem, was er unternimmt, nur das Großartige haben will, wollte seinem Hof eine Unterhaltung bieten, die alles umfassen sollte, was die Bühne bieten kann. Um die Umsetzung einer so großen Idee zu erleichtern und so viele verschiedene Dinge miteinander zu verbinden, wählte Seine Majestät als Thema zwei rivalisierende Prinzen, die im schönen Tal von Tempe, wo die Pythischen Spiele gefeiert werden sollten, miteinander wetteifern andere darin, eine junge Prinzessin und ihre Mutter mit allen erdenklichen Galanteriefeiern zu feiern.

VERTRETENE PERSONEN.

IPHIKRATES und TIMOKLES , *verliebte Fürsten* ERIPHYLE .
SOSTRATUS , *ein General, ebenfalls verliebt in* ERIPHYLE .
ANAXARCHUS , *ein Astrologe* .
CLEON , *sein Sohn* .
CHORŒBUS , *im Anzug von* ARISTION .
CLITIDAS , *ein Hofnarr, einer der Diener von* ERIPHYLE .
ARISTIONE , *eine Prinzessin, Mutter von* ERIPHYLE .
ERIPHYLE , *eine Prinzessin, Tochter von* ARISTION .
CLEONICE , *Vertraute von* ERIPHYLE .
Eine Täuschung VENUS , *gemeinsam handelnd mit*
ANAXARCHOS .

ERSTE ZWISCHENSPIEL.

Die Szene beginnt mit dem angenehmen Klang zahlreicher Instrumente und stellt ein riesiges Meer dar, das auf jeder Seite von vier großen Felsen begrenzt wird. Auf dem Gipfel von jedem steht ein Flussgott, der sich an die für diese Gottheiten üblichen Insignien lehnt. Am Fuße dieser Felsen befinden sich auf jeder Seite zwölf Tritonen und in der Mitte des Meeres vier Amoretten auf Delfinen; hinter ihnen der Gott ÆOLUS Schwebend auf einer kleinen Wolke über den Wellen. ÆOLUS befiehlt den Winden, sich zurückzuziehen; Und während ihm vier Amoretten, zwölf Tritonen und acht Flussgötter antworten, wird das Meer ruhig und eine Insel erhebt sich aus den Wellen. Acht Fischer kommen mit Perlmutt und Korallenzweigen in den Händen aus dem Meer und setzen sich nach einem bezaubernden Tanz jeweils auf einen Felsen über einem der Flussgötter. Die Musik kündigt die Ankunft von an NEPTUN , und während dieser Gott mit seinem Gefolge tanzt, begleiten die Fischer, Tritonen und Flussgötter seine Schritte mit verschiedenen Bewegungen und dem Klappern der Perlenschalen. Das Spektakel ist ein großartiges Kompliment, das einer der Prinzen den Prinzessinnen während ihres Seeausflugs macht .

ÆOLUS .

Ihr Winde, die den schönsten Himmel vernebeln,
zieht euch in eure dunkelsten Höhlen zurück und überlasst das Reich der Wellen Zephyr, der Liebe und den Seufzern.

EIN TRITON .

Welche schönen Augen haben diese feuchten Wohnstätten durchbohrt?
Ihr mächtigen Tritonen, kommt; Ihr Nereiden, versteckt euch.

ALLE TRITONEN .

Dann erheben wir uns, all diese Gottheiten, die es wert sind, getroffen zu werden;
Lasst uns mit den sanftesten Tönen und der Huldigung
ihre seltene Schönheit begrüßen.

EIN AMOR.

Wie umwerfend sind die Reize dieser Damen!

NOCH EIN AMOR .

Welches Herz muss nachgeben, wenn man sie nicht sieht?

NOCH EIN AMOR .

Der Schönste der Unsterblichen – Arme,
die so scharf sind, dass keiner sie führen kann.

CHOR .

Dann erheben wir uns, all diese Gottheiten, die es wert sind, getroffen zu
werden;
Lasst uns mit den sanftesten Tönen und der Huldigung
ihre seltene Schönheit begrüßen.

EIN TRITON .

Was wäre dieser edle Zug, der unserer Ansicht entspricht?
Es ist Neptun! Er und seine ganze mächtige Crew! Er kommt , um mit
seiner Anwesenheit diese schönen Szenen zu
ehren und die stille Luft zu bezaubern.

CHOR .

Dann schlage erneut zu
und erhöhe deine Spannung, und lass deine Häuser rundherum mit
freudigen Liedern erklingen!

NEPTUN .

Ich zähle zu den Göttern mit der größten Macht;
Es ist Jupiter selbst, der mich auf diese Höhe gebracht hat! Allein als
König wiege ich die azurblaue Welle. In dieser ganzen Welt gibt es
niemanden, dem ich trotzen könnte.

Es gibt keine Länder auf der Erde, meine Macht, die es wüssten,
aber zitternde Angst davor, dass ich über ihre Wiesen fließe; keine Staaten,
über die ich die stürmischen Wellen schreiten kann. In einem kurzen
Moment kann ich mich nicht ausbreiten.

Es gibt nichts , was der Kraft der tobenden Wogen standhalten kann,
kein dreifacher Deich, aber selbst es ist leicht. Meine Wellen können
zermalmen, wenn sie mit dem wildesten Rausch über ihre Masse rollen.

Und doch zwinge ich diese wilden Wogen zum Nachgeben,
unter der Weisheit der Macht, die ich besitze; und überall lasse ich die
Seeleute kühn,
wo auch immer sie ihre Handelskurse halten.

Doch manchmal findet man Felsen in meinen Staaten,
wo Schiffe zugrunde gehen, die vom Schicksal so verdammt sind. Doch
gegen meine Macht murrt niemand, ja,
denn die Tugend kennt keinen Untergang, wohin auch immer ich
schwanke.

EIN MEERESGOTT .

In diesem Bereich gibt es viele leuchtende Schätze;
Alle Sterblichen drängen sich an seinen schönen Ufern, um sie anzusehen.

Und würdest du aus Ruhm die schillernde Höhe erklimmen,
dann suche nichts anderes als Neptuns Antlitz .

Zweiter Meeresgott .

Dann vertraue dem Gott dieses riesigen, wogenden Reiches,
und geschützt vor allen Stürmen wirst du das Ruder führen. Die Wellen
würden gerne oft unbeständig sein, aber du wirst den immer beständigen
Neptun sehen.

Dritter Meeresgott .

Starten Sie dann mit unerschrockenem Eifer und pflügen Sie die Tiefe.
So werdet ihr Neptuns gütige Gunst ernten.

AKT I.

SZENE I. – SOSTRATUS, CLITIDAS.

KLI . (*beiseite*). Er ist in Gedanken versunken.

SOS . (*glaubt, er sei allein*). Nein, Sostratus , ich sehe nicht, wo du Hilfe suchen kannst, und deine Probleme lassen dir keine Hoffnung.

KLI . (*beiseite*). Er redet mit sich selbst.

SOS . (*glaubt, er sei allein*). Ach!

KLI . Diese Seufzer müssen etwas bedeuten, und meine Vermutung wird sich als richtig erweisen.

SOS . (*glaubt, er sei allein*). Auf welche Fantasien kann man Hoffnung gründen? Und was kann man anderes erwarten als die lange, elende Existenz und das Leid, das erst mit dem Leben selbst endet.

KLI . (*beiseite*). Sein Kopf ist ratloser als meiner.

SOS . (*glaubt, er sei allein*). Mein Herz! mein Herz! Wozu hast du mich gebracht?

KLI . Euer Diener, mein Herr Sostratus !

SOS . Wohin gehst du, Clitidas ?

KLI . Sagen Sie mir lieber, was Sie hier machen? Und welche heimliche Melancholie, welche düstere Trauer kann einen in diesen Wäldern festhalten, wenn alle in Scharen zu dem großartigen Fest des Prinzen gegangen sind Iphikrates hat gerade den Prinzessinnen das Meer überlassen. Dort werden sie mit wunderbarer Musik und Tänzen verwöhnt, und sogar die Felsen und Wellen schmücken sich mit Gottheiten, um ihrer Schönheit zu huldigen.

SOS . Ich kann mir all diese Pracht vorstellen, und da es bei diesen Festen im Allgemeinen so viele Leute gibt, die Verwirrung stiften, hatte ich keine Lust, die Zahl der unwillkommenen Gäste zu erhöhen.

KLI . Sie wissen, dass Ihre Anwesenheit niemals etwas verdirbt und dass Sie niemals im Weg sind, wohin Sie auch gehen. Ihr Gesicht ist überall willkommen und gehört nicht zu den ungünstigen Gesichtsausdrücken, die von Herrschern nie gut aufgenommen werden. Du stehst bei beiden Prinzessinnen gleichermaßen in der Gunst , und die Mutter und die Tochter zeigen deutlich genug ihre Wertschätzung für dich; so dass Sie keine Angst haben müssen, als lästig angesehen zu werden. Kurz gesagt, es war nicht diese Angst, die Sie ferngehalten hat.

SOS . Ich gebe zu, dass ich keine Neigung zu solchen Dingen habe.

KLI . Oh, tatsächlich! Doch auch wenn es uns vielleicht egal ist, Dinge zu sehen, gehen wir gerne dorthin, wo wir alle anderen finden; Und was auch immer Sie sagen mögen, während eines Festivals bleiben die Menschen nicht ganz allein zwischen den Bäumen stehen, um so launisch zu träumen wie Sie, es sei denn, sie haben etwas, das ihre Gedanken stört.

SOS . Warum? Was könnte meiner Meinung nach meinen Geist stören?

KLI . Nun, ich kann es nicht sagen; Aber hier riecht es stark nach Liebe, und ich bin sicher, dass er nicht von mir kommt, sondern von dir.

SOS . Wie absurd du bist, Clitidas !

KLI . Nicht so absurd, wie Sie meinen würden. Du bist verliebt; Ich habe eine feine Nase und habe es direkt gerochen.

SOS . Was kann Sie möglicherweise dazu bringen, so zu denken?

KLI . Was? Ich vermute, Sie wären sehr überrascht, wenn ich Ihnen außerdem sagen würde, in wen Sie verliebt sind.

SOS . ICH?

KLI . Ja; Ich wette, dass ich gleich erraten werde, wen du liebst. Ich habe einige Geheimnisse, ebenso wie unser Astrologe, in den Prinzessin Aristione so verliebt ist; Und wenn seine Wissenschaft ihn dazu bringt, in den Sternen das Schicksal der Menschen zu lesen, dann habe ich die Wissenschaft, in den Augen der Menschen die Namen derer zu lesen, die sie lieben. Halten Sie Ihren Kopf ein wenig hoch und öffnen Sie Ihre Augen weit. *E* , allein, *E; r, i , ri , Eri; p, h, y, phy , Eriphy ; l, e, le, Eriphyle* . Du bist in die Prinzessin Eriphyle verliebt .

SOS . Ah! Clitidas , ich kann meine Not nicht vor dir verbergen, und du zerschmetterst mich mit diesem Schlag.

KLI . Du siehst, wie schlau ich bin!

SOS . Ach! Wenn dir irgendetwas das Geheimnis meines Herzens offenbart hat, bitte ich dich, es niemandem zu erzählen; und vor allem, es vor der schönen Prinzessin geheim zu halten, deren Namen Sie gerade erwähnt haben.

KLI . Aber im Ernst: Wenn ich eine Zeit lang in Ihren Taten die Liebe herausgelesen habe, die Sie geheim halten möchten, glauben Sie dann, dass die Prinzessin Eriphyle blind genug war, sie nicht zu sehen? Glauben Sie mir, Damen entdecken immer sehr schnell die Liebe, die sie wecken, und die Sprache der Augen und der Seufzer wird von denen, an die sie gerichtet ist, schneller verstanden als von jedem anderen.

SOS . Lass sie, Clitidas , lass sie, wenn sie kann, in meinen Seufzern und Blicken die Liebe lesen, mit der ihre Schönheit mich inspiriert hat; Aber wir müssen aufpassen, dass sie es nicht auf andere Weise herausfindet.

KLI . Und wovor fürchtest du dich? Ist es möglich, dass dieserselbe Sostratus , der weder Brennus noch alle Gallier fürchtete und dessen Arm es so glorreich geschafft hat, uns von diesem Barbarenschwarm zu befreien, der Griechenland verwüstete? Ist es möglich, sage ich, dass ein Mann, der im Krieg so unerschrocken ist, bei der bloßen Erwähnung seiner Verliebtheit solche Angst hat, dass er zittert?

SOS . Ah! Clitidas , ich zittere nicht ohne Grund; und alle Gallier auf der Welt scheinen mir weniger gefürchtet zu sein als diese beiden schönen Augen voller Reize.

KLI . Ich bin nicht derselben Meinung und weiß, was mich betrifft, dass ein einziger Gallier mit dem Schwert in der Hand mir viel mehr Angst einjagen würde als fünfzig der schönsten Augen der Welt zusammen. Aber sagen Sie mir, was haben Sie vor?

SOS . Sterben, ohne meine Liebe zu sagen.

KLI . Eine schöne Aussicht! Unsinn, du machst Witze; Sie wissen, dass ein wenig Kühnheit bei Liebenden immer Erfolg hat; nur die Schüchternen und Ängstlichen sind Verlierer; und wenn ich mich in eine Göttin verlieben würde, würde ich ihr sofort von meiner Leidenschaft erzählen.

SOS . Ach! Zu viele Dinge verurteilen meine Liebe zum ewigen Schweigen.

KLI . Aber was?

SOS . Die Niedrigkeit meiner Geburt, durch die es dem Himmel gefiel, den Ehrgeiz meiner Liebe zu demütigen; der Rang der Prinzessin, der zwischen ihr und meinen Wünschen eine so unüberwindliche Barriere bildet. Die Rivalität zweier Fürsten, die das Angebot ihres Herzens durch die höchsten Titel untermauern können; zwei Prinzen, die ihr abwechselnd die großartigsten Unterhaltungen bieten, deren Herz sie zu gewinnen versuchen und von denen man jeden Moment erwartet, dass sie eine Wahl trifft. Darüber hinaus, Clitidas , gibt es den unantastbaren Respekt, dem sie die Gewalt meiner Liebe unterwirft.

KLI . Respekt ist nicht immer so willkommen wie Liebe; und wenn ich mich nicht sehr irre, weiß die junge Prinzessin von Ihrer Zuneigung und ist ihr gegenüber nicht gleichgültig.

SOS . Ah! Bitte schmeicheln Sie nicht aus Mitleid dem Herzen eines elenden Liebhabers.

KLI . Ich sage es nicht ohne gute Gründe. Sie zögert lange mit der Wahl ihres Mannes, und ich muss versuchen, etwas mehr darüber herauszufinden. Du weißt, dass ich bei ihr eine Art Gunst genieße, dass ich freien Zugang zu ihr habe und dass ich durch das Ausprobieren auf allen möglichen Wegen das Privileg erlangt habe, ab und zu ein Wort zu sagen und nach dem Zufallsprinzip zu sprechen zu jedem Thema. Manchmal gelingt es mir nicht so, wie ich es gerne hätte, aber manchmal gelingt es mir auch sehr gut. Dann überlassen Sie es mir; Ich bin dein Freund, ich liebe Männer mit Verdiensten, und ich werde meine Zeit wählen, um mit der Prinzessin von ... zu sprechen.

SOS . Oh! Um Himmels willen, wie sehr du auch mein Unglück bemitleiden magst, Clitidas , hüte dich davor, ihr etwas von meiner Liebe zu sagen. Ich wäre lieber gestorben, als von ihr der geringsten Kühnheit und dieser tiefen Hochachtung vorgeworfen zu werden, die ihre göttlichen Reize ausstrahlt ...

KLI . Stille! sie kommen alle.

SZENE II. – ARISTIONE, IPHIKRATES, TIMOKLES, SOSTRATUS ANAXARCHUS, KLEON, KLITIDAS.

ARI . (*zu* IPHIKRATES). Prinz, ich kann nicht zu viel sagen, es gibt kein Spektakel auf der Welt, das an Großartigkeit mit diesem konkurrieren kann, das Sie uns gerade gegeben haben. Diese Unterhaltung hatte wunderbare Attraktionen, die alles übertreffen werden, was man jemals sehen kann. Wir haben etwas so Edles, so Großartiges und Herrliches gesehen, dass der Himmel selbst nichts mehr tun konnte; und ich bin mir sicher, dass es nichts auf der Welt gibt, was damit vergleichbar wäre.

TIM . Dies ist eine Darstellung, die nicht bei allen Unterhaltungen zu erwarten ist, und ich fürchte, meine Dame, große Angst vor der Einfachheit des kleinen Festes, das ich Ihnen im Wald von Diana geben möchte.

ARI . Ich bin mir sicher, dass wir dort nichts außer dem Entzückenden sehen werden; und wir müssen anerkennen, dass uns das Land sehr schön erscheinen sollte und dass wir an diesem bezaubernden Ort, den alle Dichter unter dem Namen Tempe gefeiert haben, keine Zeit mehr für Langeweile haben . Denn ganz zu schweigen von den Freuden der Jagd, die wir zu jeder Stunde genießen können, und der Feierlichkeit der Pythischen Spiele, die bald gefeiert werden, seid ihr beide darauf bedacht, uns Freuden zu bereiten, die die Sorgen der meisten Menschen lindern melancholisch . Wie kommt

es, dass wir dich auf unseren Spaziergängen nicht getroffen haben, Sostratus
?

SOS . Ein leichtes Unwohlsein, meine Dame, hinderte mich daran,
dorthin zu gehen.

IPH. Sostratus ist einer jener Männer, die es für unziemlich halten, wie
die anderen neugierig zu sein, und die es für besser halten, den Eindruck zu
erwecken, nicht dorthin zu gehen, wo jeder hin will.

SOS . Mein Herr, Affektiertheit hat bei allem, was ich tue, wenig Anteil,
und ohne Ihnen ein Kompliment zu machen, gab es bei diesem Fest Dinge
zu sehen, die mich angezogen hätten, wenn mich nicht ein anderer
Beweggrund daran gehindert hätte.

ARI . Und hat Clitidas alles gesehen?

KLI . Ja, meine Dame, aber vom Ufer aus.

ARI . Und warum vom Ufer aus?

KLI . Nun, meine Dame, ich hatte Angst vor einem dieser Unfälle, die
normalerweise in so großen Menschenmengen passieren. Letzte Nacht habe
ich von toten Fischen und zerbrochenen Eiern geträumt, und ich habe von
Anaxarchus gelernt , dass zerbrochene Eier und tote Fische Unglück
verheißen.

ANA . Ich stelle fest, dass Clitidas nichts zu sagen hätte, wenn er nicht
von mir gesprochen hätte.

KLI . Das liegt daran, dass man so viel über Sie sagen kann, dass man nie
zu viel sagen kann.

ANA . Vielleicht wählen Sie ein anderes Gesprächsthema, zumal ich Sie
darum gebeten habe.

KLI . Wie kann ich? Sagen Sie nicht, dass das Schicksal stärker ist als
alles? Und wenn es in den Sternen geschrieben steht, dass ich von dir
sprechen werde, wie kann ich dann meinem Schicksal widerstehen?

ANA . Bei allem Respekt, der Ihnen gebührt, Frau, erlauben Sie mir zu
sagen, dass es an Ihrem Hof eine Sache gibt, die es traurig macht, dort zu
finden. Es ist so, dass sich jeder die Freiheit nimmt, zu reden, und dass der
ehrenwerteste Mann dem Spott des ersten Trottels ausgesetzt ist, dem er
begegnet.

KLI . Ich danke Ihnen für die Ehre, die Sie mir erweisen.

ARI . (*zu* ANAXARCHOS). Warum sollte man sich über das, was er sagt,
ärgern?

KLI . Bei allem Respekt vor Ihnen, meine Dame, gibt es eine Sache, die mich an der Astrologie verblüfft; Es geht darum, dass Menschen, die die Geheimnisse der Götter kennen und über ein solches Wissen verfügen, dass sie sich über alle anderen Menschen stellen, das Bedürfnis haben sollten, Hof zu machen und um irgendetwas zu bitten.

ANA . Das ist ein dürftiger Witz, und Sie sollten Ihr Geld damit verdienen, Ihrer Herrin witzigere und bessere Witze zu geben.

KLI . Auf mein Wort gebe ich, was ich habe. Sie sprechen sehr angenehm darüber; Der Beruf eines Trottels ist nicht wie der eines Astrologen. Gut zu lügen und gute Witze zu machen, ist etwas völlig anderes, und es ist viel einfacher, Menschen zu täuschen, als sie zum Lachen zu bringen.

ARI . Ha! was bedeutet das?

KLI . (*im Selbstgespräch*). Friede, du Narr, der du bist! Wissen Sie nicht, dass Astrologie eine Staatssache ist und dass Sie nicht auf dieser Saite spielen dürfen? Ich habe Ihnen oft gesagt, dass Sie viel zu dreist werden und dass Sie sich gewisse Freiheiten herausnehmen, die Ihnen Ärger einbringen werden. Du wirst sehen, dass du eines Tages wie ein Schurke rausgeschmissen wirst. Schweigen Sie, wenn Sie weise sind.

ARI . Wo ist meine Tochter?

TIM . Sie ist weg, Madam. Ich bot ihr meinen Arm an, was sie jedoch ablehnte.

ARI . Fürsten, da Sie in Ihrer Liebe zu Eriphyle eingewilligt haben, sich den Gesetzen zu unterwerfen, die ich Ihnen auferlegt hatte, da es mir möglich war, zu erreichen, dass Sie Rivalen sein sollten, ohne Feinde zu sein, und das bei völliger Unterwerfung unter die Gesetze meiner Tochter Gefühle, Sie warten auf ihre Wahl, sprechen Sie offen mit mir und sagen Sie mir, welche Fortschritte Sie jeweils in ihrem Herzen gemacht zu haben glauben.

TIM . Meine Dame, ich möchte mir nicht schmeicheln; Aber ich habe alles getan, was ich konnte, um das Herz der Prinzessin Eriphyle zu berühren . Ich habe keines der zärtlichen Mittel vernachlässigt, die ein Liebhaber annehmen sollte. Ich habe ihr die demütige Ehrerbietung meiner großen Liebe dargebracht, ich war eifrig in ihrer Nähe, ich habe mich täglich um sie gekümmert. Meine Liebe wurde von den rührendsten Stimmen besungen und von den geschicktesten Federn in Versen zum Ausdruck gebracht . Ich habe mich leidenschaftlich über meine Leiden beklagt. Meine Augen und meine Worte haben ihr von meiner Verzweiflung und meiner Liebe erzählt. Ich habe ihr meine Liebe zu Füßen gelegt; Ich habe sogar zu Tränen gegriffen, aber alles war vergebens, und ich habe nicht gesehen, dass sie in ihrer Seele in irgendeiner Weise von meiner Liebe berührt war.

ARI . Und du, Prinz?

IPH . Ich für meinen Teil, Madame, da ich ihre Gleichgültigkeit kannte und wusste, wie wenig Wert sie auf die ihr erwiesenen Huldigungen legt, hatte ich nicht die Absicht, Seufzer oder Tränen an sie zu verschwenden. Ich weiß, dass sie sich Ihren Wünschen völlig unterwirft und dass sie nur von Ihnen einen Ehemann annehmen wird; Deshalb kann ich meine Wünsche für ihre Hand allein an Sie richten, an Sie und nicht an sie spreche ich meine Hommage und meine Aufmerksamkeit aus. Ich wünschte, meine Dame, Sie könnten sich dazu durchringen, ihren Platz einzunehmen, die Eroberungen zu genießen, die Sie für sie machen, und die Zuneigungen, die Sie ihr entgegenbringen, selbst zu empfangen!

ARI . Prinz, das Kompliment kommt von einem listigen Liebhaber. Sie haben gehört, dass den Müttern geschmeichelt werden muss, um von ihnen Töchter zu bekommen; aber hier wird dies jedoch nutzlos sein, denn ich habe beschlossen, meiner Tochter völlige Freiheit in ihrer Wahl zu lassen und ihre Neigung in keiner Weise zu vereiteln.

IPH . So frei Sie ihr auch die Wahl lassen, was ich Ihnen sage, ist keine Schmeichelei, meine Dame. Ich umwerbe die Prinzessin Eriphyle nur, weil sie deine Tochter ist, und ich finde, dass sie bezaubernd ist in dem, was sie von dir erbt; und du bist es, den ich an ihr verehre.

ARI . Das ist sehr hübsch.

IPH . Ja, meine Dame, die ganze Erde erblickt in Ihnen Reize und Reize

...

ARI . Ah! Prinz, bete, lass uns diese Reize und Attraktionen hinter dir lassen; Sie wissen, dass dies Worte sind, die ich aus den Komplimenten, die mir gemacht werden, verbanne. Ich kann es ertragen, für meine Aufrichtigkeit gelobt zu werden und als gute Prinzessin bezeichnet zu werden, denn es ist wahr, dass ich für jeden ein freundliches Wort, Liebe für meine Freunde und Wertschätzung für Verdienste und Tugend habe; ja, ich kann das alles genießen; aber was deine Reize und Reize angeht, möchte ich lieber nichts damit zu tun haben, und was auch immer an Wahrheit darin sein mag, man sollte Bedenken haben, gelobt zu werden, wenn man Mutter einer Tochter wie meiner ist.

IPH . Ah! Gnädige Frau. Nur Sie werden alle daran erinnern, dass Sie eine Mutter sind. Jedermanns Gefühle sind dagegen, und es hängt ganz von Ihnen ab, als Schwester der Prinzessin Eriphyle durchzugehen .

ARI . Glauben Sie mir, Prinz, ich habe keine Lust auf all diesen nutzlosen Unsinn, so willkommen bei zu vielen Frauen, ich möchte Mutter sein, weil ich eine bin, und es wäre vergeblich, sich etwas anderes zu wünschen. Dieser Titel verletzt mich nicht, da ich ihn mit meiner eigenen Zustimmung erhalten habe. Es ist eine Schwäche unseres Geschlechts, aus der, Gott sei Dank! Ich bin frei und kümmere mich nicht um die großen Diskussionen über das Alter, über die so viel Unsinn herrscht. Lassen Sie uns noch einmal mit dem fortfahren, was wir gesagt haben. Ist es möglich, dass Sie die Gefühle meiner Tochter bisher nicht entdecken konnten?

IPH . Sie sind für mich ein Geheimnis.

TIM . Und für mich ein undurchdringliches Geheimnis.

ARI . Vielleicht hindert sie ihre Bescheidenheit daran, sich Ihnen oder mir zu erklären. Nutzen wir eine andere Person, um herauszufinden, was sie fühlt. Sostratus , nimm diese Botschaft für mich auf dich und gehorche diesen Fürsten, indem du geschickt herausfindest, welchem der beiden die Gefühle meiner Tochter zugeneigt sind.

SOS . Frau, an Ihrem Hof sind sehr viele Leute besser für eine so heikle Mission qualifiziert als ich, und ich fühle mich nicht in der Lage, das zu tun, was Sie von mir verlangen.

ARI . Ihr Verdienst, Sostratus , beschränkt sich nicht nur auf das Kriegsgeschäft. Du hast Verstand, Fingerspitzengefühl und Geschick, und meine Tochter schätzt dich sehr.

SOS . Noch einer besser als ich, Madam...

ARI . Nein, nein, vergebens entschuldigen Sie sich.

SOS . Da es Ihr Wunsch ist, meine Dame, muss ich gehorchen; aber ich versichere Ihnen, dass es in Ihrem gesamten Hof niemanden gibt, der für einen solchen Auftrag weniger geeignet wäre als ich.

ARI . Du bist zu bescheiden und wirst in allem, was dir anvertraut wird, immer gut zurechtkommen. Sprechen Sie meine Tochter sanft über ihre Gefühle aus und erinnern Sie sie daran, dass sie früh am Wald von Diana sein muss.

SZENE III. – IPHIKRATES, TIMOKLES, SOSTRATUS, KLITIDAS.

IPH . (*zu* SOSTRATUS). Ich versichere Ihnen, dass ich mich freue, dass Sie von der Prinzessin so geschätzt werden.

TIM . (*zu* SOSTRATUS). Ich versichere Ihnen, dass ich hocherfreut bin, dass die Wahl auf Sie gefallen ist.

IPH . Jetzt liegt es in Ihrer Macht, Ihren Freunden zu dienen.

TIM . Sie werden denjenigen, die Sie schätzen, einen guten Dienst erweisen können.

IPH . Ich empfehle Ihnen meine Interessen nicht.

TIM . Ich bitte Sie nicht, für mich zu sprechen.

SOS . Meine Herren, das alles ist nutzlos. Es wäre falsch, wenn ich meine Befehle überschreite, und Sie werden es mir verzeihen, wenn ich für keines von beiden spreche.

IPH . Ich überlasse es Ihnen, zu tun, was Sie wollen.

TIM . Tun Sie genau das, was Sie für richtig halten.

SZENE IV. – IPHIKRATES, TIMOKLES, KLITIDAS.

IPH . (*nebenbei* _ CLITIDAS). Nun, Clitidas , denken Sie daran, dass er einer meiner Freunde ist. Ich hoffe, dass er weiterhin meine Interessen gegenüber der Prinzessin gegenüber denen meines Rivalen vertreten wird.

KLI . (*nebenbei* IPHIKRATES). Du darfst mir vertrauen. Es gibt einen großen Unterschied zwischen dir und ihm. Er ist in der Tat ein guter Prinz, um mit Ihnen darüber zu streiten.

IPH . (*nebenbei* _ CLITIDAS). Ich werde einen solchen Service nicht vergessen.

SZENE V. – TIMOKLES, KLITIDAS.

TIM . Mein Rivale zahlt Clitidas seinen Hof ; aber Clitidas weiß, dass er versprochen hat, mir in meiner Liebe zu ihm zu helfen.

KLI . Sicherlich. Wie absurd es ist, sich die Nase vorn zu haben. Ein wirklich feiner Herr, der mit Ihnen verglichen werden kann!

TIM . Es gibt nichts, was ich nicht für Clitidas tun könnte .

KLI . (*allein*). Viele schöne Worte von allen Seiten! Aber hier ist die Prinzessin; Wir werden die Gelegenheit nutzen, mit ihr zu sprechen.

SZENE VI. – ERIPHYLE, CLEONICE.

CLEON . Es wird seltsam vorkommen, meine Dame, dass Sie sich von allen fernhalten.

ERI . Ah! Wie angenehm ist für Menschen wie uns, die immer von so vielen gleichgültigen Menschen umgeben sind, die Einsamkeit! Wie schön, allein gelassen zu werden und mit seinen Gedanken zu kommunizieren, wenn man so viele unbedeutende Gespräche ertragen musste. Lass mich in Ruhe, damit ich ein paar Augenblicke alleine gehen kann.

CLEON . Möchten Sie nicht einen Moment lang sehen, was diese wunderbaren Menschen tun können, die Ihnen gerne dienen möchten? Es scheint, als könnten sie durch ihre Schritte und Gesten alles dem Auge zum Ausdruck bringen. Sie werden Pantomimisten genannt. Ich hatte Angst, dieses Wort vor Ihnen auszusprechen, und es gibt einige an Ihrem Hof, die mir den Gebrauch dieses Wortes nicht verzeihen würden.

ERI . Mir scheint, Sie schlagen eine seltsame Unterhaltung vor; denn du versäumst es nie, gleichgültig alles vorzustellen, was sich dir bietet, und du bist für alles freundlich willkommen. Deshalb sehen wir, dass alle notwendigen Musen auf Dich allein zurückgreifen können. Du bist die große Schutzpatronin aller Verdienste in Not, und alle tugendhaften Bedürftigen klopfen an deine Tür.

CLEON . Wenn Sie sie nicht sehen möchten, meine Dame, brauchen Sie es nur zu sagen.

ERI . Nein, nein; lasst uns sie sehen. Bring sie hierher.

CLEON . Aber, meine Dame, ihr Tanz könnte schlecht sein.

ERI . Schlecht oder nicht, lass es uns sehen. Es würde nur bedeuten, die Sache mit dir aufzuschieben. Es ist genauso gut, es hinter sich zu haben.

CLEON . Heute wird es nur ein gewöhnlicher Tanz sein, meine Dame. Einander mal ...

ERI . Nicht mehr darüber, Cleonice . Lass sie tanzen.

ZWEITES ZWISCHENSPIEL.

Der Vertraute der Jugend PRINZESSIN *ruft drei Tänzer unter dem Namen* Pantomimisten auf; das heißt, Männer, die durch ihre Bewegungen alles Mögliche ausdrücken. Der PRINZESSIN *sieht sie tanzen und nimmt sie in ihren Dienst auf.*

AKT II.

SZENE I. – ERIPHYLE, CLEONICE.

ERI . Das ist bewundernswert! Ich glaube nicht, dass Tanzen jemals besser sein könnte; und ich bin froh, dass sie mir gehören.

CLEON . Und ich freue mich sehr, meine Dame, dass Sie sehen, dass mein Geschmack nicht so schlecht ist, wie Sie dachten.

ERI . Sei nicht so triumphierend. Es wird nicht lange dauern, bis du mich rächen wirst. Lass mich hier in Ruhe.

SZENE II. – ERIPHYLE, CLEONICE, CLITIDAS.

CLEON . (*wird uns treffen* CLITIDAS). Ich warne dich, Clitidas , dass die Prinzessin allein sein möchte.

KLI . Überlass das mir. Ich verstehe die Gerichtsetikette.

SZENE III. – ERIPHYLE, CLITIDAS.

KLI . (*singt*). La, la, la, la. (*Affektive Überraschung beim Anblick* ERIPHYLE .) Ah!

ERI . (*zu* CLITIDAS , *der den Eindruck erweckt, dass er verschwindet*). Klididas !

KLI . Ich habe Sie nicht gesehen, Madam.

ERI . Komm näher. Wo bist du gewesen?

KLI . Mit der Prinzessin, deiner Mutter, die gerade in Begleitung einer großen Menschenmenge zum Apollontempel ging.

ERI . Finden Sie nicht, dass dies einer der bezauberndsten Orte der Welt ist?

KLI . Sicherlich. Die beiden Prinzen, deine Liebhaber, waren da.

ERI . Der Fluss Peneus hat hier die reizvollsten Windungen.

KLI . Sehr charmant. Sostratus war auch da.

ERI . Wie kommt es, dass er heute nicht bei uns war?

KLI . Er hat etwas im Kopf, das ihn daran hindert, all diese schönen Unterhaltungen zu genießen. Er wollte mir etwas sagen; aber du hast mir so ausdrücklich verboten, für irgendjemanden bei dir Fürsprache einzulegen , dass ich ihn nicht erhörte, und ich sagte ihm rundheraus, dass ich keine Muße hätte.

ERI . Es war falsch, ihm so etwas zu sagen, und du hättest ihn hören sollen.

KLI . Ich sagte ihm zunächst, dass ich keine Zeit hätte, ihn anzuhören; aber danach hörte ich zu, was er zu sagen hatte.

ERI . Du hast das gut gemacht.

KLI . Tatsächlich ist er ein Mann nach meinem Herzen; ein Mann mit allen Manieren und Eigenschaften, die ich bei allen Männern sehen möchte. Er nimmt niemals ausgelassene Manieren und provokativen Tonfall an, sondern ist in allem umsichtig und vorsichtig. Er spricht nie nur auf den Punkt, ist nie voreilig in seinen Entscheidungen, nie nervt er durch seine Übertreibungen. So schön die Verse auch sein mögen, die unsere Dichter ihm vortragen, ich habe ihn nie sagen hören: „Das ist schöner als alles, was Homer jemals geschrieben hat.“ Kurz gesagt, er ist ein Mann nach meinem Geschmack; und wenn ich eine Prinzessin wäre, würde ich ihn nicht unglücklich sehen.

ERI . Er ist offensichtlich ein Mann von großem Verdienst; aber was hatte er dir zu sagen?

KLI . Er fragte mich, ob Sie mit den königlichen Unterhaltungen, die Ihnen geboten werden, sehr zufrieden seien. Er sprach mit größter Freude von deiner Person, erhob dich in den Himmel und lobte dich mit all dem Lob, das man der vollendetsten Prinzessin der Welt geben kann, und dabei stieß er viele Seufzer aus, die mir mehr sagten als er Gedanke. Indem er ihn schließlich auf alle möglichen Arten befragte und ihn drängte, mir den Grund für seine Melancholie zu nennen, die jeder am Hof bemerkt, wurde er gezwungen, zuzugeben, dass er verliebt ist.

ERI . Wie, verliebt? Was für eine Kühnheit ist das? Ich werde ihn nie wieder sehen.

KLI . Worüber sind Sie beleidigt, Frau?

ERI . Kühn genug sein, mich zu lieben und es darüber hinaus zu wagen, es zu sagen!

KLI . Er ist nicht in Sie verliebt, Madame.

ERI . Nicht mit mir?

KLI . NEIN; Er hat zu viel Respekt vor dir und ist zu weise, so etwas zu tun.

ERI . Mit wem denn, Clitidas ?

KLI . Mit einer Ihrer Trauzeuginnen , der jungen Arsinoë .

ERI . Ist sie so schön, dass er denken kann, dass niemand außer ihr seiner Liebe würdig ist?

KLI . Er liebt sie über alles und fleht dich an, seine Liebe mit deinem Schutz zu würdigen .

ERI . Mich!

KLI . Nein, nein, meine Dame; Ich sehe, dass Sie das beleidigt. Ihr Zorn hat mich gezwungen, diese List zu nutzen; Und um die Wahrheit zu sagen: Er liebt es, dich abzulenken.

ERI . Sie sind ein unverschämter Schurke, der auf diese Weise meine Gefühle zum Ausdruck bringt. In diesem Moment außer Sichtweite! Geben Sie vor, die Gedanken der Menschen zu lesen und in die Geheimnisse des Herzens einer Prinzessin einzudringen? Mit dir weg; Lass mich dein Gesicht nie wieder sehen.... Clitidas !

KLI . Gnädige Frau.

ERI . Komm her. Ich verzeihe dir diese Angelegenheit.

KLI . Sie sind zu freundlich, Frau.

ERI . Aber unter der Bedingung – denken Sie daran, was ich sage –, dass Sie es niemandem gegenüber erwähnen, unter Lebensgefahr.

KLI . Genug.

ERI . Dann hat Sostratus dir gesagt, dass er mich liebt?

KLI . Nein, meine Dame; Ich muss Ihnen jetzt die ganze Wahrheit sagen. Überraschenderweise erfuhr ich von ihm ein Geheimnis, das er vor aller Welt verbergen wollte und von dem er sagte, dass er gerne mit ihm sterben würde. Er war verzweifelt, als ich es ihm geschickt entriss; und anstatt mich zu bitten, es Ihnen zu sagen, bat er mich mit den innigsten Gebeten, Ihnen niemals etwas zu verraten; und ich habe einen Verrat an ihm begangen, indem ich Ihnen erzählt habe, was ich gesagt habe.

ERI . Ich bin froh darüber. Nur durch seinen Respekt kann er mich erfreuen; und wenn er mutig genug wäre, mir seine Liebe zu sagen, würde er sowohl meine Anwesenheit als auch meine Wertschätzung für immer einbüßen.

Kli. Fürchten Sie sich nicht, meine Dame ...

Eri. Hier ist er. Denken Sie daran, wenn Sie weise sind, was ich Ihnen verboten habe.

Kli. Sicherlich, meine Dame; Ich möchte kein indiskreter Höfling sein.

SZENE IV. – ERIPHYLE, SOSTRATUS.

Sos. Ich habe einen Vorwand, meine Dame, dass ich es gewagt habe, Ihre Einsamkeit zu stören. Ich habe von der Prinzessin, deiner Mutter, eine Mission erhalten, die mich zu dem mutigen Schritt berechtigt , den ich jetzt gehe.

Eri. Welche Mission ist das, Sostratus ?

Sos. Um zu versuchen, von Ihnen zu lernen, welchem der beiden Prinzen Ihr Herz zuneigt?

Eri. Die Prinzessin, meine Mutter, beweist einen klugen Geist, indem sie Sie für eine solche Botschaft ausgewählt hat. Diese Mission ist dir zweifellos sehr angenehm, Sostratus , und du musst sie mit großer Freude angenommen haben?

Sos. Ich habe es angenommen, meine Dame, weil meine Pflicht mich zum Gehorsam verpflichtet; und wenn die Prinzessin freundlich auf meine Ausreden gehört hätte, hätte sie einen anderen für diese Aufgabe ernannt.

Eri . Welchen Grund hättest du haben können, Sostratus , es abzulehnen?

Sos. Die Angst, es nicht gut zu machen.

Eri. Glaubst du, dass ich nicht genug Respekt vor dir habe, um dir mein Herz zu öffnen und alles zu sagen, was du von mir über die beiden Prinzen wissen möchtest?

Sos. Was mich betrifft, meine Dame, habe ich keine Lust, etwas zu wissen; Ich frage Sie nur, was Sie Ihrer Meinung nach als Antwort auf die Befehle sagen können, die mich hierher bringen.

Eri. Bisher hatte ich keine Lust, mich zu erklären, und die Prinzessin, meine Mutter, hat mir freundlicherweise erlaubt, die Entscheidung, die mich binden soll, aufzuschieben. Aber ich würde mich freuen, allen zu zeigen, dass ich bereit bin, etwas für Sie zu tun; und wenn Sie darauf bestehen, kann ich Ihnen dieses lang erwartete Urteil verkünden.

SOS . Ich werde Sie nicht belästigen, meine Dame, und eine Prinzessin drängen, die genau weiß, was sie zu tun hat.

ERI . Und doch ist es das, was die Prinzessin, meine Mutter, von dir erwartet.

SOS . Ich sagte ihr, dass ich meine Botschaft sicher, aber schlecht, freisprechen würde.

ERI . Nun, sag es mir, Sostratus ; Sie haben weitsichtige Augen und ich glaube, dass Ihnen nur wenige Dinge entgehen. Konnten Sie nicht herausfinden, was jeder wissen möchte? Hast du keine Ahnung von der Neigung meines Herzens? Sie sehen die ganze Aufmerksamkeit, die mir zuteil wird, die ganze Ehrerbietung, die mir entgegengebracht wird. Welchen dieser beiden Prinzen betrachte ich wohl mit den wohlwollendsten Augen ?

SOS . Die Vermutungen, die wir zu solchen Themen anstellen, ergeben sich im Allgemeinen aus dem größeren oder geringeren Interesse, das wir zeigen.

ERI . Welches von beiden würdest du bevorzugen, Sostratus ? Sag mir, wen würde ich heiraten sollen?

SOS . Ah! Gnädige Frau! Deine Neigung, nicht meine Wünsche, muss darüber entscheiden.

ERI . Aber wenn ich Sie bei dieser Wahl um Rat fragen wollte?

SOS . Wenn Sie mich um Rat fragen würden, wäre ich sehr ratlos.

ERI . Sie konnten mir nicht sagen, welcher der beiden Ihrer Meinung nach den Vorzug verdient?

SOS . Wenn ich Richter wäre, würde ich niemanden finden, der dieser Ehre würdig wäre . Alle Fürsten der Welt wären zu gemein, um nach dir zu streben; Die Götter allein können dir etwas vormachen, und von den Menschen hättest du nur Weihrauch und Opfer.

ERI . Das ist sehr nett und ich schätze dich , mein Freund. Aber ich muss Sie mir sagen lassen, zu welcher von beiden Sie die größte Neigung empfinden und welche Sie für Ihren Freund halten?

SZENE V. – ERIPHYLE, SOSTRATUS, CHORŒBUS.

CHO . Meine Dame, die Prinzessin holt Sie ab, damit Sie in den Wald von Diana gehen können.

SOS . (*beiseite*). Ach! wie pünktlich du gekommen bist.

SZENE VI. – ARISTIONE, ERIPHYLE, IPHIKRATES, TIMOKLES, SOSTRATUS, ANAXARCHOS, KLITIDAS.

ARI . Du bist gefragt, meine Tochter, und es gibt einige, die deine Abwesenheit sehr schmerzt.

ERI . Ich denke, meine Dame, dass sie nur aus Kompliment nach mir gefragt haben und dass es niemandem so weh tut, wie Sie sagen.

ARI . Es gibt so viele Unterhaltungen, die für Sie gemacht wurden, dass unsere ganze Zeit in Anspruch genommen wird und wir keinen Moment zu verlieren haben, wenn wir sie alle sehen wollen. Lasst uns sofort in den Wald gehen und sehen, was uns dort erwartet. Das ist der schönste Ort der Welt. Nehmen wir schnell unsere Plätze ein.

DRITTES ZWISCHENSPIEL.

Die Bühne stellt einen Wald dar, in dem die PRINZESSIN *wurde zum Mitgehen eingeladen. Eine Nymphe macht die Ehre und singt; und um die zu amüsieren* „PRINZESSIN" WIRD GESPIELT , *eine kleine Musikkomödie mit folgendem Thema : Ein Hirte beklagt sich bei zwei anderen Hirten, seinen Freunden, über die Kälte der Person, die er liebt; die beiden Freunde trösten ihn; In diesem Moment erscheint die geliebte Hirtin und alle drei ziehen sich zurück, um sie zu beobachten. Nach einem klagenden Liebeslied legt sie sich auf den Rasen und schläft sanft. Der Liebhaber lässt seine beiden Freunde näher kommen, um die Schönheit seiner Hirtin zu betrachten, und ruft alles auf, um zu ihrer Ruhe beizutragen. Als die Hirtin aufwacht, sieht sie ihren Sklaven zu ihren Füßen und beklagt sich über seine Verfolgung. Aber unter Berücksichtigung seiner Standhaftigkeit erfüllt sie ihm seinen Wunsch und willigt ein, von ihm in Gegenwart seiner beiden Freunde geliebt zu werden. Die Satyrn kommen, tadeln sie wegen ihres Wandels und suchen, verzweifelt über die Schande, in die sie geraten sind, Trost im Wein.*

CLIMENE , PHILINTE .

PHILINTE .

Es gab eine Zeit, in der ich dir gut gefiel.
Ich lebte zufrieden und liebte den Zauber. Ich hatte mich nicht für Gott oder den Thron verändert
. Die Herrschaft über dich hatte ich allein inne.

CLIMENE .

Als du also von sanfter Leidenschaft schwanktest,
hast du mich über alles geliebt, eine Magd. Die königliche Krone hätte ich
verschmäht, wenn dein Herz noch für mich gebrannt hätte.

PHILINTE .

Der Glaube eines anderen hat die Wunde geheilt, die
ich für dich in meiner Brust gepflegt habe.

CLIMENE .

Die Liebe eines anderen zu mir hat
Rache gefunden, die ich suchte, und gütige Ruhe.

PHILINTE .

Chloris, die Schöne, herrscht wahre Leidenschaft,
für mich schüttet sie ihre Seele in Seufzern aus, und ich würde gerne meine
Tage beenden, wenn es ihren wunderschönen Augen gefallen würde.

CLIMENE .

Myrtil , die Blume des jugendlichen Herzens,
Er liebt mich aufrichtig, mehr als das Licht; Und ich würde, um die
mächtige Kraft der Liebe zu beweisen, zufrieden in endlose Nacht
vergehen.

PHILINTE .

Aber wenn der sanfte Strahl unserer Leidenschaft
ein bleibender Funke erneut entzünden würde und heute Chloris, die
Schöne, aus meinem Herzen vertreiben würde, deine Liebe, zu klagen?

CLIMENE .

Obwohl Myrtil mich aufrichtig liebt,
obwohl sie ständig seufzt, gestehe ich dennoch, dass ich gerne mit dir
leben und sterben würde.

BEIDE (zusammen).

„Inmitten der Liebe lasst uns dann mehr denn je
die verweilenden Stunden verstreichen lassen und eine so süße Bindung
eingehen.“

BALLETT, DIVERTISSEMENT USW.

Akt III.

ARISTIONE, IPHIKRATES, TIMOKLES, ERIPHYLE, ANAXARCHUS, SOSTRATUS, CLITIDAS.

ARI . Wir müssen immer die gleichen Worte wiederholen. Wir müssen immer ausrufen: Das ist bewundernswert! Wunderbar! Es übertrifft alles, was jemals gesehen wurde.

TIM . Sie loben diese Kleinigkeiten zu sehr, meine Dame.

ARI . Solche Kleinigkeiten können die Gedanken der ernsthaftesten Menschen angenehm erregen. In der Tat, meine Tochter, du hast Grund, diesen Fürsten dankbar zu sein, und du kannst niemals all die Mühe zurückzahlen, die sie dir geben.

ERI . Dafür bin ich zutiefst dankbar, Frau.

ARI . Und doch lassen Sie sie lange nach dem schmachten, was sie von Ihnen erwarten. Ich habe versprochen, dich nicht zu zwingen; aber ihre Liebe verlangt von dir die Erklärung, dass du den Lohn ihrer Aufmerksamkeiten nicht länger aufschieben sollst. Ich hatte Sostratus gebeten , Ihr Herz zu beschallen, aber ich weiß nicht, ob er begonnen hat, sich von seinem Auftrag freizusprechen.

ERI . Ja, meine Dame, das hat er. Aber es scheint mir, dass ich die Entscheidung, die von mir verlangt wird, nicht zu lange aufschieben kann und dass ich sie nicht treffen könnte, ohne mir einen Vorwurf zu machen. Ich bin gleichermaßen dankbar für die Liebe, Aufmerksamkeit und Huldigung dieser beiden Prinzen, und ich halte es für eine große Ungerechtigkeit, mich dem einen oder anderen gegenüber undankbar zu zeigen, indem ich einen gegenüber seinem Rivalen ablehnen muss.

IPH . Wir sollten das, meine Dame, als eine sehr schöne Art bezeichnen, uns beiden eine Absage zu erteilen.

ARI . Dieser Skrupel, Tochter, sollte dich nicht aufhalten; und diese beiden Prinzen haben sich schon vor langer Zeit darauf geeinigt, sich Ihrer Präferenz zu unterwerfen.

ERI . Unsere Neigungen täuschen uns leicht, meine Dame, und uneigennützige Herzen sind eher in der Lage, die richtige Wahl zu treffen.

ARI . Sie wissen, dass ich mein Wort übernommen habe, zu dieser Angelegenheit keine Stellungnahme abzugeben, und Sie können keine schlechte Wahl treffen, wenn Sie sich zwischen diesen beiden Fürsten entscheiden müssen.

ERI . Um weder Ihrem Versprechen noch meinen Skrupeln Gewalt anzutun, bitten Sie meine Dame, meinem Vorschlag zuzustimmen.

ARI . Und was ist das, meine Tochter?

ERI . Ich möchte, dass Sostratus für mich entscheidet. Du hast ihn ausgewählt, um zu versuchen, das Geheimnis meines Herzens zu entdecken; Erlaube mir, ihn zu wählen, um der Ratlosigkeit, in der ich mich befinde, ein Ende zu setzen.

ARI . Ich schätze Sostratus so sehr , dass ich diesem Vorschlag von ganzem Herzen zustimme, egal ob Sie ihn damit beauftragen möchten, Ihre Gefühle zu erklären, oder ob Sie ihm die Entscheidung völlig überlassen wollen.

IPH . Das bedeutet, meine Dame, dass wir Sostratus unseren Hof machen müssen .

SOS . Nein, mein Herr, Sie werden mir kein Gericht zahlen müssen; und bei allem Respekt, der den Prinzessinnen gebührt, lehne ich den Ruhm ab, zu dem sie mich erheben würden.

ARI . Wie ist das, Sostratus ?

SOS . Ich habe Gründe, meine Dame, die es mir nicht erlauben, die Ehre anzunehmen, die Sie mir erweisen würden.

IPH . Hast du Angst, Sostratus , dich zum Feind zu machen?

SOS . Ich hätte kaum Angst vor den Feinden, die ich mir machen könnte, wenn ich dem Willen meiner Herrscher gehorche.

TIM . Warum weigern Sie sich dann, die Ihnen anvertraute Macht anzunehmen und die Freundschaft eines Fürsten zu gewinnen, der Ihnen sein ganzes Glück verdanken würde?

SOS . Weil es nicht in meiner Macht steht, diesem Prinzen zu gewähren, was er von mir wünscht.

IPH . Welchen Grund kannst du haben?

SOS . Warum sollten Sie so darauf bestehen? Vielleicht habe ich, mein Herr, ein geheimes Interesse, das den Ansprüchen Ihrer Liebe entgegensteht. Vielleicht habe ich einen Freund, der mit einer respektvollen Flamme für die göttlichen Reize brennt, in die Sie verliebt sind. Vielleicht macht mich dieser Freund zum täglichen Vertrauten seiner Leiden, dass er sich bei mir über die Härte seines Schicksals beklagt und die Heirat der Prinzessin als das schreckliche Urteil betrachtet, das ihn ins Grab schicken wird. Angenommen, es wäre so, mein Herr, wäre es dann richtig, dass er seine Todeswunde aus meinen Händen erhalten würde?

IPH . Du scheinst mir, Sostratus , sehr wahrscheinlich der Freund zu sein, dessen Interessen dir so sehr am Herzen liegen.

SOS . Ich bitte dich, mein Herr, mich nicht zu verabscheuen zu lassen, wenn jemand dich hört. Ich weiß, was ich bin, und unglückliche Menschen wie ich sind sich der Grenzen bewusst, die das Schicksal ihren Wünschen gesetzt hat.

ARI . Lassen wir dieses Thema fallen; Wir werden Mittel finden, die Unentschlossenheit meiner Tochter zu überwinden.

ANA . Gibt es ein besseres Mittel, um zu einer Schlussfolgerung zu gelangen, die alle zufriedenstellen würde, als das Licht zu befragen, das der Himmel uns über diese Ehe geben kann? Ich habe, wie ich Ihnen sagte, bereits damit begonnen, die geheimnisvollen Figuren zu erschaffen, die uns unsere Kunst lehrt; und ich hoffe, Ihnen bald zeigen zu können, was die Zukunft in Bezug auf diese ersehnte Vereinigung bereithält. Wer kann danach noch zögern? Wird nicht der Ruhm oder der Wohlstand, der dem einen oder dem anderen versprochen wird, ausreichen, um darüber zu entscheiden, und kann der Abgelehnte beleidigt sein, wenn der Himmel selbst entscheidet, wem der Vorzug zu geben ist?

IPH . Ich für meinen Teil unterwerfe mich voll und ganz und erkläre, dass dieser Weg der vernünftigste erscheint.

TIM . Ich bin völlig derselben Meinung, und was auch immer der Himmel entscheiden mag, ich gebe ihm ohne Widerwillen nach.

ERI . Aber, mein Herr Anaxarchus , erkennen Sie das Schicksal wirklich so deutlich, dass Sie sich niemals täuschen lassen? Und bitte, wer gibt uns Sicherheit für diesen Wohlstand, diese Herrlichkeit, die uns der Himmel Ihrer Meinung nach verspricht?

ARI . Meine Tochter, du hast eine kleine Ungläubigkeit, die dich nie verlässt.

ANA . Die Beweise, meine Dame, die jeder gesehen hat, für die Unfehlbarkeit meiner Vorhersagen sind ausreichende Sicherheit für die Versprechen, die ich mache. Aber kurz gesagt, wenn ich Ihnen gezeigt habe, was der Himmel für Sie bereithält, können Sie handeln, was Sie wollen, und das eine oder andere Schicksal wählen.

ERI . Der Himmel, sagst du, Anaxarchus , wird mir zeigen, welches gute oder schlechte Schicksal mir bevorsteht?

ANA . Ja Madame; die Glückseligkeit, mit der Sie gesegnet sein werden, wenn Sie die eine heiraten, und das Elend, das Sie begleiten wird, wenn Sie die andere heiraten.

ERI . Aber da es mir unmöglich ist, beide gleichzeitig zu heiraten, scheint es, dass wir im Himmel nicht nur geschrieben stehen, was passieren wird, sondern auch, was nicht passieren wird.

KLI . (*beiseite*). Hier ist ein Rätsel für unseren Astrologen!

ANA . Ich müsste Ihnen, meine Dame, eine lange Dissertation über die Prinzipien der Astrologie vorlegen, damit Sie das verstehen.

KLI . Gut beantwortet. Ich kann der Astrologie nichts Böses sagen, meine Dame; Astrologie ist eine feine Sache. Mein Herr Anaxarchus ist ein großartiger Mann.

IPH . Die Wahrheit der Astrologie ist eine unbestreitbare Tatsache, und niemand kann die Gewissheit ihrer Vorhersagen bestreiten.

KLI . Sicherlich nicht.

TIM . Ich bin in vielen Dingen ziemlich ungläubig, aber was die Astrologie betrifft, gibt es nichts Sichereres und Konstanteres als die Gewissheit der Horoskope, die sie zeichnet.

KLI . Die Dinge sind so klar wie Tageslicht.

IPH . Jeden Tag passieren hundert Unfälle, die selbst die größten Ungläubigen überzeugen.

KLI . Ziemlich wahr.

TIM . Wer könnte den vielen berühmten Begebenheiten widersprechen, die in Büchern über uns berichten?

KLI . Nur Menschen ohne gesunden Menschenverstand können dies tun; Wie kann etwas in Druck angezweifelt werden?

ARI . Sostratus hat noch kein Wort gesagt. Was ist deine Meinung dazu?

SOS . Meine Dame, nicht alle Geister sind mit den notwendigen Eigenschaften ausgestattet, die die Feinheit dieser feinen Wissenschaften, die man Abstruses nennt, erfordert. Manche sind so materiell , dass sie sich nicht vorstellen können, was andere am leichtesten verstehen. Es gibt nichts Angenehmeres, meine Dame, als all die großen Versprechungen dieser erhabenen Wissenschaften. Alles in Gold verwandeln; Menschen dazu zu bringen, ewig zu leben ; mit Worten heilen; um uns geliebt zu machen, von wem auch immer wir wollen; alle Geheimnisse der Zukunft kennen; vom Himmel nach eigenem Willen Eindrücke des Glücks auf Metalle herabzubringen; Dämonen zu befehlen, unsichtbare Armeen und unverwundbare Soldaten aufzustellen – all das ist zweifellos entzückend; und es gibt Menschen, denen es überhaupt nicht schwer fällt, zu glauben, dass dies alles möglich ist; Es ist für sie am einfachsten, schwanger zu werden. Aber ich gebe zu, dass mein grober , grober Verstand es kaum verstehen kann und sich weigert, es zu glauben; dass es tatsächlich alles zu schön findet, um wahr zu sein. All diese schönen Argumente von Sympathie, magnetischer Kraft und okkulter Tugend sind so subtil und heikel, dass sie meinem materiellen Verständnis entgehen; und ohne von irgendetwas anderem zu sprechen, war es nie in meiner Macht, mir vorzustellen, wie im Himmel auch nur die kleinsten Einzelheiten des Schicksals des geringsten Menschen zu finden sind. Welche Beziehung, welche Verbindung, welche Gegenseitigkeit kann es zwischen uns und Globen geben, die so unermesslich von unserer Erde entfernt sind? Und wie konnte diese erhabene Wissenschaft überhaupt zum Menschen gelangen? Welcher Gott hat es offenbart? Oder welche Erfahrungen kann man aus der Beobachtung dieser riesigen Zahl von Sternen machen, die noch nie zweimal in derselben Reihenfolge gesehen wurden?

ANA . Es wäre nicht schwer, Sie dazu zu bringen, es sich vorzustellen.

SOS . Du wärst schlauer als alle anderen.

KLI . (*zu* SOSTRATUS). Er wird Ihnen, wann immer Sie möchten, eine ausführliche Diskussion über all dies liefern.

IPH . Wenn man solche Dinge nicht versteht, kann man zumindest glauben, was man jeden Tag sieht.

SOS . Da mein Verständnis so grob ist, dass ich nie etwas verstehen konnte, haben meine Augen auch das Pech, nie etwas gesehen zu haben, was damit zusammenhängt.

IPH . Ich für meinen Teil habe Dinge gesehen, die insgesamt überzeugend waren.

TIM . Ich auch.

SOS . Da du es gesehen hast, tust du gut daran zu glauben; und deine Augen müssen anders gemacht sein als meine.

IPH . Aber kurz gesagt, die Prinzessin glaubt an die Astrologie; und ich denke, dass wir nach ihrem Beispiel auch daran glauben können. Würden Sie sagen, dass die Dame weder Intelligenz noch Verstand hat, Sostratus ?

SOS . Mein Herr, Ihre Frage ist ziemlich unfair. Der Geist der Prinzessin ist für mich keine Regel, und ihr Verständnis kann sie ans Licht bringen, wozu ich in meinem gemeineren Sinne nicht gelangen kann.

ARI . Nein, Sostratus ; Ich werde Ihnen über viele Dinge nichts sagen, denen ich nicht mehr Glauben schenke als Sie; Aber was die Astrologie betrifft, so wurden mir so positive Dinge erzählt und gezeigt, dass ich nicht daran zweifeln kann.

SOS . Frau, darauf habe ich nichts zu antworten.

ARI . Wir werden dazu nichts mehr sagen; Lassen Sie uns einen Moment. Wir, meine Tochter und ich, werden zu der schönen Grotte gehen, zu der ich zu gehen versprochen habe. Ha! bei jedem Schritt etwas Galantes .

VIERTES ZWISCHENSPIEL.

Die Bühne stellt eine Grotte dar, in der die PRINZESSINNEN geh spazieren gehen. Beim Betreten steigen acht Statuen, von denen jede zwei Fackeln trägt, aus ihren Nischen herunter und führen einen abwechslungsreichen Tanz aus verschiedenen Figuren und mehreren schönen Haltungen auf, in die sie sich in Abständen versetzen.

BALLETT.

Akt IV.

SZENE I. – ARISTIONE, ERIPHYLE.

ARI . Nichts kann galanter und besser inszeniert sein. Meine Tochter, ich wollte allein mit dir hierher kommen, damit wir uns ein wenig ruhig miteinander unterhalten können; und ich hoffe, dass du mir die Wahrheit um nichts verheimlichen wirst. Hast du in deinem Herzen keine geheime Neigung, die du mir nicht offenbaren willst?

ERI . Ich, meine Dame?

ARI . Sprich offen, Tochter; Was ich für Sie getan habe, verdient es, dass Sie mir gegenüber offen und offen sind. Dich zum einzigen Gegenstand aller meiner Gedanken zu machen, dich über alles zu stellen, meine Ohren in der Lage, in der ich mich befinde, vor all den Vorschlägen zu verschließen, die an meiner Stelle hundert Prinzessinnen anständig anhören könnten – all das sollte es tun sage dir, dass ich eine gütige Mutter bin und dass ich die Vertraulichkeiten, die dein Herz vielleicht machen muss, wahrscheinlich nicht mit Strenge annehmen werde.

ERI . Wenn ich Ihrem Beispiel so schlecht gefolgt wäre, dass ich zugelassen hätte, dass eine Neigung, die ich zu verbergen hatte, in meine Seele eindrang, hätte ich Macht genug über mich selbst, um eine solche Liebe zum Schweigen zu zwingen und nichts zu tun, was Ihres Namens unwürdig wäre.

ARI . Nein, nein, Tochter; Es wäre mir lieber, wenn du mir deine Gefühle offenlegst. Ich habe Ihre Wahl nicht auf die beiden Prinzen beschränkt; Sie können es auf jeden erweitern, den Sie möchten. Verdienste stehen meiner Meinung nach so hoch, dass ich denke, dass sie jedem Rang gleichwertig sind; Und wenn Sie mir offen sagen, wie die Dinge stehen, werden Sie sehen, dass ich die von Ihnen getroffene Entscheidung ohne Widerwillen unterschreibe.

ERI . Du bist mir gegenüber so freundlich und nachsichtig, dass ich dafür nie dankbar genug sein kann; Aber ich werde Ihre Freundlichkeit bei einem solchen Thema nicht auf die Probe stellen, und alles, was ich von Ihnen verlange, ist, mir zu erlauben, eine Heirat, über die ich noch nicht entschieden habe, nicht zu überstürzen.

ARI . Bisher habe ich alles Ihrer Entscheidung überlassen; und die Ungeduld der Prinzen, die deine Liebhaber sind ... Aber was bedeutet dieser Lärm? Ah! Tochter, was für ein Spektakel ist das? Eine Gottheit steigt herab; es ist die Göttin Venus, die im Begriff zu sein scheint, zu uns zu sprechen.

SZENE II. – VENUS (*in der Luft, begleitet von vier* Amoretten), ARISTIONE, ERIPHYLE.

VEN . (*zu* ARISTION). Prinzessin, in dir strahlt ein herrliches Beispiel, das die Unsterblichen zu belohnen beabsichtigen; und damit Sie einen großartigen und glücklichen Schwiegersohn haben, werden sie Sie bei der Wahl, die Sie treffen sollten, unterstützen. Sie verkünden mit meiner Stimme den großen und herrlichen Ruhm, der durch diese Entscheidung in Ihr Haus kommen wird. Machen Sie deshalb Schluss mit Ihren Sorgen und geben Sie Ihre Tochter dem, der Ihr Leben retten wird.

SZENE III. – ARISTIONE, ERIPHYLE.

ARI . Tochter, die Götter haben all unseren Argumenten Schweigen verordnet. Danach müssen wir nur noch auf das warten, was sie uns geben möchten; und wir haben deutlich gehört, was ihr Wille ist. Lasst uns zum nächstgelegenen Tempel gehen, um sie unseres Gehorsams zu versichern und ihnen für ihre Güte zu danken.

SZENE IV. – ANAXARCHUS, CLEON.

CLE . Die Prinzessin geht weg; willst du nicht mit ihr reden?

ANA . NEIN; lasst uns warten, bis ihre Tochter sie verlassen hat. Ich habe Angst vor ihr; Sie wird es niemals zulassen, dass sie so geführt wird wie ihre Mutter. Kurz gesagt, mein Sohn, wie wir gerade anhand dieser Eröffnung beurteilen konnten, ist unsere Strategie gelungen. Unsere Venus hat Wunder vollbracht, und der bewundernswerte Ingenieur, der diese Maschine erfunden hat, hat alles so gut angeordnet, den Boden seiner Grotte so geschickt ausgeschnitten, seine Drähte und Federn so gut versteckt, seine Lichter so gut eingestellt und sich so gut gekleidet seine Persönlichkeiten, dass nur wenige Menschen der Täuschung hätten entkommen können; Und da Prinzessin Aristione äußerst abergläubisch ist, besteht kein Zweifel daran, dass sie voll und ganz an diese Täuschung glaubt. Ich habe lange an dieser Maschine gearbeitet, mein Sohn, und jetzt habe ich das Ziel meiner Ambitionen fast erreicht.

CLE . Aber für welchen der beiden Prinzen hast du diesen Trick erfunden?

ANA . Beide haben um meine Hilfe geworben, und ich habe beiden den Einfluss meiner Kunst versprochen. Aber die Geschenke des Fürsten Iphikrates und die Versprechen, die er gemacht hat, übertreffen bei weitem alles, was der andere tun konnte. Daher ist es Iphikrates , der von allem profitieren wird, was ich erfinden kann, und da sein Ehrgeiz mir alles verdanken wird, ist unsere Zukunft sicher. Ich werde hingehen und mir die Zeit nehmen, die Prinzessin in ihrem Irrtum zu bestätigen und ihr geschickt die Übereinstimmung der Worte der Venus mit den Vorhersagen der Himmelszeichen zu zeigen, die ich ihr gesagt habe, um sie besser in Besitz zu nehmen. Sei es deine Aufgabe, unsere sechs Männer dazu zu bringen, sich vorsichtig in ihrem Boot hinter dem Felsen zu verstecken, und sie ruhig auf die Zeit warten zu lassen, wenn die Prinzessin am Abend allein zu ihrem üblichen Spaziergang kommt . Dann müssen sie sie plötzlich wie Piraten angreifen, um Prinz Iphikrates die Gelegenheit zu geben , zu ihrer Rettung zu eilen und ihr die Hilfe zu gewähren, die darin besteht, Eriphyle in seine Hände zu legen, wie Venus es gesagt hat. Ich habe den Prinzen vorgewarnt, und im Glauben an meine Vorhersage soll er sich in dem kleinen Wäldchen am Ufer bereithalten. Aber verlassen wir diese Grotte. Ich werde Ihnen im weiteren Verlauf alles sagen, was Sie sorgfältig beachten müssen. Hier ist die Prinzessin Eriphyle ; lasst uns sie meiden.

SZENE V. – ERIPHYLE (*allein*).

Ach! Wie schwer ist mein Schicksal! Was habe ich den Göttern angetan, dass sie sich dafür interessieren, was mit mir passiert?

SZENE VI. – ERIPHYLE, CLEONICE.

CLEON . Hier ist er, meine Dame; Er folgte mir in dem Moment, als er deine Befehle hörte.

ERI . Lass ihn hierher kommen, Cleonice , und lass uns für einen Moment in Ruhe.

SZENE VII. – ERIPHYLE, SOSTRATUS.

ERI . Sostratus , du liebst mich.

SOS . Ich, meine Dame?

ERI . Ja, Sostratus , ich weiß es, ich bin damit einverstanden und erlaube dir, es mir zu sagen. Deine Liebe schien mir mit allen Verdiensten verbunden zu sein, die sie für mich wertvoll machen konnten. Ohne den Rang, den der Himmel mir verliehen hat, könnte ich Ihnen sagen, dass Ihre Liebe nicht unglücklich gewesen wäre, und ich habe mir oft eine Position gewünscht, in der ich die geheimen Gefühle meines Herzens voll zum Ausdruck bringen könnte . Es liegt nicht daran, Sostratus , dass Verdienste für mich nicht den ganzen Wert haben, den sie haben sollten, und dass ich in meinem tiefsten Inneren die Tugenden, die du besitzt, nicht allen großartigen Titeln vorziehe, die andere schmücken. Auch die Prinzessin meiner Mutter hat mir freilich in meiner Wahl freie Hand gelassen, und ich habe keinen Zweifel daran, dass ich nach meinem Wunsch ihre Zustimmung hätte einholen können. Aber, Sostratus , es gibt Stationen im Leben, in denen es nicht richtig ist, zu wünschen, dass das eintritt, was uns gefällt. Es ist schmerzhaft, über allen anderen zu stehen, und das brennende Licht des Ruhms lässt uns oft zu hart dafür bezahlen, dass wir unserer Neigung nachgegeben haben. Deshalb konnte ich mich dem nie aussetzen und dachte, ich würde die Bindungen, zu denen ich aufgefordert wurde, einfach aufschieben. Aber endlich werden die Götter selbst mir einen Ehemann geben, und all diese langen Verzögerungen, mit denen ich meine Hochzeit aufgeschoben habe und die die Freundlichkeit der Prinzessin meiner Mutter ermöglicht hat, sind mir nicht länger gestattet. Ich muss mich dem Willen des Himmels unterwerfen. Du kannst versichert sein, Sostratus , dass ich dieser Ehe mit größtem Widerwillen zugestimmt habe und dass ich, wenn ich Herrin meiner selbst gewesen wäre, entweder dir gehört hätte oder niemandem gehört hätte. Das ist es, Sostratus , was ich dir zu sagen hatte; Was ich fühlte, verdankte ich deinem Verdienst und dem einzigen Trost, den meine Zärtlichkeit deiner Liebe geben kann.

SOS . Ah! Meine Dame, das ist zu viel für jemanden, der es so nicht verdient wie ich! Ich war nicht bereit, mit solchem Ruhm zu sterben, und von diesem Moment an werde ich aufhören, mich über mein Schicksal zu beschweren. Wenn es dazu geführt hat, dass ich in einem Rang geboren wurde, der unter dem liegt, was ich mir hätte wünschen können, hat es mich so glücklich gemacht, dass ich im Herzen einer großen Prinzessin etwas Mitleid erregt habe, und dieses herrliche Mitleid ist Zepter und Kronen wert ; ist die Macht der größten Fürsten der Erde wert. Ja, meine Dame, von dem Moment an, als ich es wagte, Sie zu lieben – Sie, meine Dame, erlauben mir, dieses kühne Wort zu verwenden –, von dem Moment an, als ich es wagte, Sie zu lieben, verurteilte ich den Stolz meiner Sehnsüchte und entschied mich für das Schicksal Ich sollte damit rechnen. Der Tod wird mich nicht überraschen, denn ich bin darauf vorbereitet, aber deine Güte hat ihm eine Ehre verliehen, auf die meine Liebe nie zu hoffen wagte; Ich werde jetzt als der glücklichste und glücklichste aller Menschen sterben. Wenn ich noch auf irgendetwas hoffen darf, werde ich dich auf meinen Knien um zwei Gefälligkeiten bitten: dass du bereit bist, meine Anwesenheit zu ertragen, bis die glückliche Ehe zustande kommt, die meinem Leben ein Ende setzen wird; Und inmitten der Herrlichkeit und des langen Wohlstands, die der Himmel Ihrer Verbindung verspricht, erinnern Sie sich manchmal an Sostratus , der Sie geliebt hat. Darf ich auf diese Gefälligkeiten hoffen , oh göttliche Prinzessin?

ERI . Geh, Sostratus ; verlasse mich. Mein Seelenfrieden ist dir nicht wichtig, wenn du mich bittest, mich an dich zu erinnern.

SOS . Ah, meine Dame, wenn Ihr Seelenfrieden ...

ERI . Verlass mich, Sostratus ; verschone meine Schwäche; Setze mich nicht dazu aus, mehr zu tun, als ich mir vorgenommen habe.

SZENE VIII. – ERIPHYLE, CLEONICE.

CLE . Frau, ich sehe Sie ziemlich melancholisch; Erlauben Sie Ihren Tänzern, die alle Leidenschaften der Seele so gut zum Ausdruck bringen, zu Ihnen zu kommen und Ihnen eine Probe ihres Könnens zu geben?

ERI . Ja, Cleonice ; lasst sie machen, was sie wollen, vorausgesetzt, sie überlassen mich meinen Gedanken.

FÜNFTES ZWISCHENSPIEL.

Vier Pantomimen passen als Beispiel ihres Könnens ihre Bewegungen und Schritte an die Unruhezeichen der Jugend an PRINZESSIN ERIPHYLE .

BALLETT.

Akt V.

SZENE I. – ERIPHYLE, CLITIDAS.

KLI . Wohin soll ich gehen? In welche Richtung soll ich mich wenden? Wo werde ich voraussichtlich die Prinzessin Eriphyle finden ? Es ist eine große Freude, der Erste zu sein, der Neuigkeiten bringt. Ah! hier ist sie! Meine Dame, ich möchte Ihnen sagen, dass der Himmel Ihnen gerade den Ehemann gegeben hat, den er für Sie reserviert hat.

ERI . Ach! Überlass mich, Clitidas , meinem düsteren Kummer.

KLI . Meine Dame, ich bitte um Verzeihung, ich dachte, ich hätte gut daran getan, zu Ihnen zu kommen und Ihnen zu sagen, dass der Himmel Ihnen Sostratus zum Ehemann gegeben hat ; aber da es dir unangenehm ist, werde ich meine Neuigkeiten einstecken und so zurückgehen, wie ich gekommen bin.

ERI . Klididas ! Ich sage, Clitidas !

KLI . Ich überlasse Sie, meine Dame, Ihrer düsteren Melancholie.

ERI . Bleib, ich sage dir; komm her. Was sagen Sie?

KLI . Nichts, meine Dame. Man ist manchmal zu voreilig, wenn man großen Leuten Dinge erzählt, die sie nicht interessieren, und ich bitte Sie, mich zu entschuldigen.

ERI . Wie grausam du bist!

KLI . Ein anderes Mal werde ich darauf achten, Sie nicht zu unterbrechen.

ERI . Halte mich nicht länger in der Schwebe; Sag, was du mir sagen willst.

KLI . Eine unbedeutende Sache über Sostratus , meine Dame, die ich Ihnen ein anderes Mal erzählen werde, wenn Sie weniger beschäftigt sind.

ERI . Halten Sie mich nicht länger in Atem und erzählen Sie mir die Neuigkeiten.

KLI . Sie möchten es wissen, meine Dame?

ERI . Ja, sei schnell. Was hat es mit Sostratus auf sich ?

KLI . Ein wunderbares Abenteuer, mit dem niemand gerechnet hat.

ERI . Sag es mir sofort.

KLI . Wird es Sie, meine Dame, in Ihrer düsteren Melancholie nicht beunruhigen?

ERI . Ah! Sprich, sage ich.

KLI . Dann muss ich Ihnen sagen, meine Dame, dass die Prinzessin, Ihre Mutter, fast allein auf diesen kleinen Pfaden durch den Wald ging, die so angenehm sind, als ein schrecklicher Eber – diese hässlichen Eber – immer Unheil anrichtet und aus zivilisierten Wäldern verbannt werden sollte – als ein abscheulicher Eber, sage ich, der, glaube ich, von einigen Jägern zur Bucht getrieben wurde, direkt über den Weg kam, auf dem wir uns befanden. Vielleicht sollte ich meinen Bericht mit einer ausführlichen Beschreibung dieses besagten Ebers ausschmücken; Aber wenn Sie möchten, müssen Sie versuchen, darauf zu verzichten, und sich mit der Gewissheit zufrieden geben, dass es ein furchtbar hässliches Tier war. Es machte sich auf den Weg, und es wäre besser gewesen, es nicht zu stören; Aber die Prinzessin wollte ihr Können unter Beweis stellen und verursachte mit ihrem Pfeil, den sie, wenn ich das so sagen darf, etwas unpassend abfeuerte, eine leichte Wunde direkt über dem Ohr. Der schlecht erzogene Eber drehte sich unverschämt zu uns um. Wir waren damals zwei oder drei Unglückliche, die vor Schreck blass wurden; Jeder gewann seinen Baum, und die Prinzessin blieb allein zurück, der Wut des Tieres ausgesetzt, als Sostratus gerade rechtzeitig erschien, als hätten ihn die Götter selbst gesandt.

ERI . Und so, Clitidas ?

KLI . Wenn Sie dieser Bericht ermüdet, meine Dame, kann ich den Rest auf einen anderen Anlass verschieben.

ERI . Beende es schnell.

KLI . Ich werde in der Tat schnell Schluss machen, denn ein Körnchen Feigheit hinderte mich daran, die Einzelheiten des Kampfes zu sehen, und ich kann Ihnen nur sagen, dass wir den Eber tot vorfanden, als wir an den Ort zurückkamen blutend, und die Prinzessin voller Freude, und sie verkündet Sostratos als ihren Befreier und euren Mann, gemäß den Worten der Götter. Als ich das hörte, hörte ich nicht weiter zu und machte mich auf die Suche nach dir, um dir diese Neuigkeit zu überbringen.

ERI . Ah! Clitidas , du hättest mir nie einen willkommeneren Empfang bereiten können.

KLI . Oh! Hier kommen sie, um dich zu finden.

SZENE II. – ARISTIONE, SOSTRATUS, ERIPHYLE, CLITIDAS.

ARI . Ich verstehe, meine Tochter, dass du bereits alles weißt, was wir dir sagen wollen. Sie sehen, dass sich die Götter früher erklärt haben, als wir erwartet hatten. Die Gefahr, der ich gerade gefolgt bin, hat uns gezeigt, was ihr Wille ist, und es ist leicht zu erkennen, dass die Wahl von ihnen kommt, da in der Wahl, die sie getroffen haben, allein das Verdienst glänzt. Wird es Ihnen zuwider sein, denjenigen, dem ich mein Leben verdanke, mit der Gabe Ihres Herzens zu belohnen, und werden Sie sich weigern, Sostratus als Ihren Ehemann anzunehmen?

ERI . Sowohl aus den Händen der Götter als auch aus den Ihren, meine Dame, konnte ich kein Geschenk erhalten, das mir unangenehm wäre.

SOS . Ist das nicht ein herrlicher Traum, mit dem mir die Götter schmeicheln wollen? Muss ich nicht mit einem schrecklichen Erwachen rechnen, das mich wieder in die Niederträchtigkeit meines früheren Schicksals stürzen wird?

SZENE III. – ARISTIONE, ERIPHYLE, SOSTRATUS, CLEONICE, CLITIDAS.

CLEON . Meine Dame, ich bin gekommen, um Ihnen zu sagen, dass Anaxarchus bisher beide Prinzen getäuscht hatte, in der Hoffnung, die Wahl zu begünstigen , auf die ihre Seelen fixiert waren; Als sie hörten, was geschehen war, gaben sie beide ihrem Groll gegen ihn nach, und als die Dinge noch schlimmer wurden, erlitt er mehrere Wunden, von denen man nicht sagen kann, was passieren wird. Aber hier kommen sie beide.

SZENE IV. – ARISTIONE, ERIPHYLE, IPHIKRATES, TIMOKLES, SOSTRATUS, KLEONIKE, KLITIDAS.

ARI . Prinzen, ihr rächt euch sehr schnell; Wenn Anaxarchus dich beleidigt hat, war ich hier, um dir Gerechtigkeit widerfahren zu lassen.

IPH . Und welche Gerechtigkeit können Sie uns erweisen, meine Dame, wenn Sie mit der von Ihnen getroffenen Entscheidung so wenig zu unserem Rang beitragen?

ARI . Hatten Sie sich nicht beide darauf geeinigt, sich der Entscheidung der Götter oder der Neigung meiner Tochter in dieser Angelegenheit zu unterwerfen? Und welche Konsequenzen können die Interessen eines Rivalen für Sie haben?

TIM . Ja Madame; wir waren bereit, uns einer Wahl zwischen dem Prinzen und dem Prinzen zu unterwerfen Iphikrates und ich, aber nicht, dass wir uns beide abgestoßen fühlten. Es wäre tröstlich zu sehen, dass die Wahl auf Gleichberechtigung fiel, aber deine Blindheit ist etwas Schreckliches.

ARI . Prinz, ich habe keine Lust, mich mit jemandem zu streiten, der die Freundlichkeit hatte, mich so sehr zu loben; und ich bitte Sie in aller Aufrichtigkeit, Ihren Kummer auf eine bessere Grundlage zu stellen. Denken Sie daran, ich bete, dass die Verdienste von Sostratus in ganz Griechenland bekannt sind und dass durch den Rang, zu dem ihn die Götter heute erheben, die Distanz zwischen Ihnen und ihm verschwindet.

IPH . Ja, wir werden uns daran erinnern, meine Dame. Aber vielleicht werden Sie sich auch darüber freuen, dass zwei beleidigte Prinzen Feinde sein können, die man fürchten muss.

TIM . Möglicherweise werden Sie die Verachtung, die Sie uns entgegenbringen, nicht lange genießen.

ARI . Ich vergebe alle diese Drohungen um des Kummers einer Liebe willen, die sich beleidigt fühlt; und trotzdem werden wir uns die Pythischen Spiele in aller Ruhe ansehen. Lasst uns sofort gehen und diesen wunderbaren Tag mit dem herrlichen Schauspiel krönen.

SECHSTES ZWISCHENSPIEL.

Die Szene stellt einen großen Saal in Form eines Amphitheaters dar, mit einer großen offenen Arkade am anderen Ende, über der sich eine Tribüne befindet, die durch einen Vorhang verschlossen ist, und in der Ferne ist ein für das Opfer vorbereiteter Altar zu sehen. Sechs Männer, gekleidet, als wären sie fast nackt, und jeder trägt eine Axt auf der Schulter, wie Henker des Opfers, treten unter dem Klang von Geigen durch den Portikus ein, gefolgt von zwei spielenden Opfernden, ebenfalls von einer Priesterin spielend, und durch ihre Suite .